Als IT-Security Officer zertifiziert

Heinrich Serwas

Über 100 Fragen und Antworten auf dem Weg zur
Zertifizierung als ITSO (IT Security Officer)

Auch als e-book erhältlich
Suche in https://www.bod.de/buchshop/

Theorie Praxis Tools

Bibliografische Information der Deutschen Nationalbibliothek:
Die Deutsche Nationalbibliothek verzeichnet diese Publikation in der Deutschen
Nationalbibliografie; detaillierte bibliografische Daten sind im Internet über http://dnb.dnb.de
abrufbar.

Covergrafik: erstellt mit https://www.wordclouds.com/

Herstellung und Verlag: BoD – Books on Demand, Norderstedt

ISBN: 978-3-7494-4820-3

Die Ausbildung zum IT-Security Officer (ITSO) oder zum IT-Security-Beauftragten ist auf dem Weg, ein festes Berufsbild zu etablieren.

Zertifizierungen durch TüV und andere Organisationen werden aller Orten verlangt. Selbst der IT-Security-Beauftragte oder IT-Security-Manager in KMUs (Kleine und Mittelständische Unternehmen) muss heute ein Zertifikat nachweisen.

Dieses Buch gibt Ihnen eine Lernhilfe auf Ihrem Weg zur Zertifizierung als IT-Security Officer.

Sie lernen die wichtigsten Themengebiete des IT-Security Officers kennen.

Sie lernen anhand von Fragen und Antworten zu den einzelnen Themengebieten mit denen sich der ITSO beschäftigen muss.

Die Fragen und Antworten erleichtern Ihnen die Vorbereitung auf die Prüfung zur Zertifizierung als IT-Security Officer / IT-Sicherheitsbeauftragter.

Inhaltsverzeichnis

Hinweise zur Benutzung

Diese Buch hat ein umfangreiches Stichwortverzeichnis mit Seitenangaben, wo Sie das Wort im Buch finden. Für ein schnelles Nachschlagen, der beste Ansatzpunkt beim Lernen.

Sie ziehen den größten Nutzen aus diesem Buch wenn Sie sich die Fragen und die möglichen Antworten zuerst durchlesen, während Sie mit einem Blatt die Zeile „Antworten: A, B, C, D..." abdecken.

Versuchen Sie die richtigen Antworten zu finden.

Erst dann schauen Sie auf die richtigen Antworten.
Die richtigen Antworten sind unter jeder Aufgabe hinter dem Wort „Antwort:" als A, B, C etc. genannt.

Manchmal werden Sie sich fragen, wieso ist diese oder jene Antwort nicht auch richtig. Dann erinnern Sie sich bitte an folgende Tipps.

Tipp 1:   Lesen Sie die Frage genau.
Tipp 2:   Ist vom Plural in der Frage die Rede?
Tipp 3:   Können Sie die eine oder andere Antwort ausschließen, weil sie mit dem Thema der Frage nicht zusammen hängt?
Tipp 4:   Ist ein „nicht" oder ein Ausschluss der Richtigkeit der Aussagen gefragt?

Wenn Sie in Texten wie Gesetzen oder Richtlinien etc. nachschlagen, kann es sein, dass Sie den Wortlaut oder bestimmte Schlüsselwörter aus den Fragen nicht finden.

Das ist deshalb so, weil die Fragen rund um IT-Security beziehen sich manchmal auf Konzepte und Begriffe, die ein Hintergrundwissen über Gesetze, Verordnungen und den Kontext in dem sie verwendet werden voraussetzen.

Sie haben eine Lernhilfe für die Vorbereitung auf Tests in der Hand. Sie ist eine Hilfe zur Festigung und Vertiefung des Gelernten.

Zusätzliche ist Grundsatz-Literatur oder der Inhalt von entsprechenden Kursen zur Ausbildung als IT-Security Officer Voraussetzung, um ein umfassendes Verständnis der Materie zu erlangen.

1.0. GRUNDLAGEN

1. Was sind die obersten Schutzziele ?(3)

A.   Confidentiality => Vertraulichkeit.
B.   Authentizität.
C.   Integrity => Integrität.
D.   Availability => Verfügbarkeit.
E.   Zurechenbarkeit (Verantwortlichkeit).
F.   Verbindlichkeit (Nicht-Abstreitbarkeit/ non-repudiation).
G.   Anonymität.

Answer: A, C, D

2. Was ist die Definition IT-Sicherheitsmanagement?(1)

A.   Das IT-Sicherheitsmanagement hat den Schutz von Knowhow im weitesten
       Sinne zum Ziel. Es beschreibt einen fortlaufenden Prozess innerhalb einer
       Unternehmung oder Organisation zur Gewährleistung der IT-Sicherheit. Es
       besteht aus Normen, Anweisungen, Richtlinien, Rollen, Prozessen und
       Maßnahmen und stellt den technischen und organisatorischen Rahmen der
       IT-Sicherheit dar.
B.   alle Aufgaben, die der Datenschutzbeauftragte wahrnimmt.
C.   die Firewall konfigurieren und verwalten
D.   alle Maßnahmen, die den Datendiebstahl verhindern.

Antwort: A

3. Was gehört zum Schutzziel Vertraulichkeit?(3)

A.   Vertrauliche Informationen sind nicht von Dritten einsehbar bzw. vor
       unberechtigter Offenlegung geschützt.
B.   nicht von Dritten änderbar.
C.   Umsetzung durch Rechte.
D.   Umsetzung durch Verschlüsselung.

Antwort: A, C, D

4. Was gehört zum Schutzziel Integrität? (2)

A.   Informationen sind nicht von Dritten änderbar bzw. sind unversehrt und vor unberechtigter Modifikation geschützt.

B.   Umsetzung durch Hash-Funktionen (vor und nach dem Senden einen Hash bilden und vergleichen).

C.   Information steht entsprechend den Vereinbarungen dem Benutzerkreis zur Verfügung.

Antwort: A, B

5. Was gehört zum Schutzziel Verfügbarkeit (2)

A.   Informationen und Systeme stehen entsprechend den Vereinbarungen dem definierten Benutzerkreis zur Verfügung, sind zugänglich und nutzbar.

B.   Daten sind verfügbar für Modifikation.

C.   Umsetzung: Redundanz und Backups.

Antwort: A, C

6. Welche weiteren 3 Schutzziele sind wichtig (3)

A. Authentizität - Echtheit von Informationen und Identitäten.

B. Zurechenbarkeit - Verantwortung/Haftung für Daten (z.B. beim pay per use).

C. Verbindlichkeit/Nichtabstreitbarkeit - Datenversand/-Empfang nicht abstreitbar (Post und das Einschreiben).

D. Anonymität - geht vom Nutzer aus, Erhaltung der Privatsphäre, eng verwandt mit Datenschutz.

E. Verlässlichkeit - Konsistentes Verhalten von Systemen.

Antwort: A, B, C, D

7. Was Heißt ISMS

A. Informations-Sicherheits-Management-System

B. International-Security-Management-System

Antwort: A

8. Was bedeutet Least Privilege?

A. Eine Rolle bekommt das Minimum an Berechtigungen, um ihren Job durchführen zu können

B. Das letzte Zugriffs-Privileg wird entzogen

C. Mindestens ein Privileg erhält die Rolle

D. Alle Rollen erhalten mindestens dieses Privileg

Antwort: A

2.0. IT-SECURITY-BEAUFTRAGTE

9. Welche Aufgaben hat der IT-Security-Beauftragte?

A.   Bestandsaufnahme der bisherigen Aktivitäten zur IT-Sicherheit (Was ist zur IT-Sicherheit schon gemacht worden?)

B.   Abstimmung der IT-Sicherheitsziele mit den Zielen des Unternehmens/der Behörde/der Institution (Sicherheitsziele sollen Unternehmensziele stärken und nicht schwächen)

C.   Erstellung einer IT-Informationssicherheitsleitlinie (Metadokument, was soll die IT-sicherheit im Unternehmen machen soll) ACHTUNG: Unterschiedliche Begriffe dafür bei BSI, ISO, TÜV; bei kleinen Unternehmen steht auch drin, wie sie organisiert ist.)

D.   Aufbau, Betrieb und Weiterentwicklung der IT-Sicherheitsorganisation (nicht zum Selbstzweck entwickeln!!)

E.   Erstellung eines IT-Sicherheitskonzepts und dessen Anpassung an neue gesetzliche Gegebenheiten (welche Maßnahmen auf welche Lücken angewendet werden? Gesetzesänderung lösen Anpassung aus)

F.   Erstellung von Richtlinien und Regelungen zur Informationssicherheit

G.   Unterrichtung der Unternehmensleitung zum Status quo der IT-Sicherheit

H.   Sicherstellung des Informationsflusses für das IT-Sicherheitsmanagement (monatlich oder 14tägiger Bestandsbericht: wie viele Incidents? Welche Risiken? Informationsfluss funktioniert, ja/Nein; wenn nein, was ist zu verbessern?

Antwort: A, B, C, D, E, F, G, H

10. Für was haftet der/die IT-Security-Beauftragte?

A.   Für schuldhaft verursachte Schäden haftet sowohl ein externer wie ein interner IT-Security-Beauftragter

B.   Er haftet auch für mangelhafte Aufgabenerfüllung sowie bei unterlassenen Tätigkeiten

C.   Er haftet für Stromausfall

D.   Er haftet für den Bilanzverlust

Antwort: A, B

3.0. TECHNISCHE GRUNDLAGEN

11. Sie haben ein IDS-System, das nur auf einem Computer in Ihrem Netzwerk ausgeführt wird, um welche Art von IDS-System handelt es sich?

A.   Netzwerk System

B.   Host System

C.   Aktives System

D.   Ungewöhnliches System

Antwort: B

12. Es gibt 3 Elemente der Mehr-Faktor-Authentifizierung - Welche sind das?

A.   Etwas, das der Benutzer kennt, wie ein Passwort oder eine PIN-Nummer

B.   Etwas, das der Benutzer gelernt hat

C.   Etwas, das der Benutzer ist, wie ein Fingerabdruck, optische Merkmale oder Stimme

D.   Etwas, das der Benutzer hat, wie ein mobiles Gerät oder Token, o.ä.

Antwort: A, C, D

13. Welche Möglichkeiten bieten sich Unternehmen bei der Nutzung von „Cloud Computing" über das Internet?

A. Firewall-Dienste nutzen

B. Rechenleistung nutzen

C. Software beziehen bzw. nutzen

D. Speicherkapazitäten beziehen

Antwort: B, C, D

14. Welche Aussagen auf Daten bezogen trifft zu?

A. Daten können verarbeitet werden

B. Daten sind Informationen

C. Aus Daten können Informationen gewonnen werden

D. Daten können gespeichert werden

Antwort: A, C, D

4.0. ZUTRITT, ZUGANG UND ZUGRIFF

15. Welche Aussagen zum Umgang mit technischen Schwachstellen der in der Organisation eingesetzten Software sind wichtig? (3)

A. Patches testen und beurteilen bevor sie eingespielt werden

B. Aufgaben und Verantwortlichkeiten zum Umgang mit technischen Schwachstellen sollten festgelegt sein

C. Informationen zu Schwachstellen sollten rechtzeitig eingeholt werden.

D.   alle möglichen technischen Schwachstellen müssen im Rahmen von IT-
         Risikomanagement vorweg dokumentieren

Antwort: A, B, C

16. Was ist die Aufgabe einer Firewall?

A.   Alle Daten kontrollieren, die in das eigene Netz hineinkommen und
         hinausgehen.

B.   Vor Spam-Mail schützen

C.   Programme aktualisieren

D.   Viren aufspüren und löschen

Antwort: A

17. Wie kann ein angemessenes Niveau in der IT-Sicherheit erreicht werden?

A.   Durch Aufbau eines ISMS (information security management system)

B.   Abgestimmtes Zusammenspiel von organisatorischen, technischen und
         rechtlichen Maßnahmen zur IT-Sicherheit

C.   Durch Umsetzung vernünftiger Sicherheitsmaßnamen

D.   Durch Kauf einer Firewall

Antwort: A, B

18. Was umfasst bzw. grenzt die IT-Sicherheit von der Informationssicherheit ab?

A.   IT-Sicherheit bezieht die tangiblen Assets ein.

B.   Informationssicherheit umfasst auch die IT-Security, IT Security befasst sich mit den technischen Aspekten der Informationssicherheit.

C.   Die Informationssicherheit bezieht sich auf Daten und daraus ableitbare Information.

Antwort: B

19. Wozu dient die physikalische Sicherheit?

A.   Dem Schutz von

        – Gebäuden und Räumen

        – Fuhrpark

        – Personen

B.   Dient der Vermeidung von Gefahren durch direkte Einwirkung auf Computersysteme

C.   Dient dem Schutz der Geschäftsführer

Antwort: A, B

20. Welche Kabelart ist am besten abgeschirmt?

A.   coaxial

B.   STP shielded twisted pair

C.   UTP unshielded twisted pair

Antwort: B

21. Welche Maßnahmen der Zugangskontrolle gibt es? (4)

A. Weitere Zugangskontrollen durch Zwei-Faktor-Authentifizierung (USB-Dongles, SmartCards, Hardware-Token, biometrische Erkennungsverfahren)(2 unterschiedliche Methoden)

B. Schutz des IT-Systems durch Virenscanner vor Malware

C. Einschränkung des Systemzugangs durch Firewall

D. Technische/bauliche Sicherung der Netzgeräte (W/LAN)

E. Zugriffssperre bei mobilen Geräten

F. Verschlüsselung wichtiger Datenübertragungen

Antwort: A, B, C, D

22. Für wen gilt das am 25.07.2015 in Kraft getretenen IT-Sicherheitsgesetz?

A. BSI - Bundesamt für Sicherheit in der Informationstechnologie.

B. Alle Unternehmen folgender Sektoren: Energie, Informationstechnik und Telekommunikation, Transport und Verkehr, Gesundheit, Wasser, Ernährung sowie Finanz- und Versicherungswesen.

C. Betreiber kritischer Infrastrukturen KRITIS.

D. Alle Unternehmer von Web-Angeboten (webshops).

Antwort: A, B, C, D

23. Wer muss ein SOA (Statement of Applicability) erstellen und abgeben?

A.   Jeder der sich ein ISMS nach ISO 27001 zertifizieren lassen will.

B.   Jeder der eine Service oriented Architecture betreibt

Antwort: A

24. Was versteht man unter einem Botnetz?

A.   Eine Gruppe automatisierter Schadprogramme, die im Hintergrund auf dem Nutzerrechner laufen, die Bots sind vernetzt, sie senden ohne Zustimmung Spam aus.

B.   Bots sind E-Mail-Spam

C.   Bots sind dazu da, den PC zu zerstören

Antwort: A

25. Welche sind Bereiche, die eine besondere Aufmerksamkeit in Bezug auf Zugang und Zugriff benötigen?

A.   Privilegierte Benutzer, wie Tool-, Systemadministratoren

B.   Bereiche, wo Werkzeuge mit privilegierten Rechten zum Einsatz kommen (Datenbanktools, Netzwerk-Sniffer,...)

C.   Abteilungschefs

E.   Geschäftsführer

Antwort: A, B

26. Ein Code oder Stück Software gewährt Zugriff auf ein System

A. logic bomb

B. Betriebssystem

C. backdoor

D. social engineering

Antwort: A, C

27. Was ist ethical Hacking?

A. Hacking mit Erlaubnis, das dazu dient, Schwachstellen und Risiken aufzudecken.

B. Datenklau

C. Netzwerk ausspionieren

D. Schwachstellen in einer Infrastruktur ohne Erlaubnis ausnützen

Antwort: A

28. Zutritt regelt und betrifft

A. physische Erreichbarkeit von IT-Systemen bzw.

B. die Möglichkeit einen begrenzten Bereich betreten zu können

C. Bauliche Maßnahmen

D. Kontrollen

Antwort: A, B,

29. Was ist die Aufgabe des Notfallmanagement nach BSI?

A.   BCM business continuity management

B.   BSI Standard 100-4 stellt einen systematischen Weg dar, ein
        Notfallmanagement in einer Behörde oder in einem Unternehmen
        aufzubauen, um die Kontinuität des Geschäftsbetriebs sicher zu stellen.

Antwort: B

30. Wer verbindet sich bei einer W-Lan-Verbindung mit wem?

A. W-Lan-Router mit Geräten

B. Der Access Point (Authenticator) mit der (Mobile) Device (Supplicant)

Antwort: B

31. Zugang bedeutet

A.   Die befugte Nutzung von IT-Systemen, eventuell nach vorheriger
        Anmeldung

B.   Authentifizierung des Benutzers bzw. seine Identität

Antwort: A

5.0. KONTROLL- UND ALARMIERUNGSMECHANISMEN

32. Welcher Natur sind Sicherheitslücken?

A.   Technischer

B.   Organisatorischer

C.   Folgen von individuellem Fehlverhalten

D.   Kurzschluss

Antwort: A, B, C

33. Nennen Sie die Normen, die sich im Kern mit der IT-Sicherheit beschäftigen?

A.   ISO 27000 Serie,

B.   Insbesondere ISO 27001

C.   BSI Grundsicherung bzw. 200-2

D.   NIS Richtlinie

Antwort: B, C

34. Welches sind für Sie die am häufigsten vorkommenden Sicherheitsmängel in der IT?

A.   Unzureichendes Patch-Management

B.   Unzureichendes Monitoring

C.   Unzureichendes Change Management

D.   Mangelndes Bewusstsein zu Informationssicherheit bei Mitarbeitern

Antwort: A, B, C, D

6.0. Identity- & Accessmanagement

35. Welche Aussagen zum Datenschutz gibt es in Bezug auf Daten?

A.   Datenschutz bezieht sich ausschließlich auf Personen bezogene oder beziehbare Daten

B.   Der Datenschutz beschäftigt sich mit allen Daten im Unternehmen

Antwort: A

36. Wen umfasst das BSI-Gesetz zu den kritischen Infrastrukturen?

A. KRITIS Kritische Infrastrukturen

B.   alle Unternehmen der im Gesetz aufgeführten Sektoren (Energie, Informationstechnik und Telekommunikation, Transport und Verkehr, Gesundheit, Wasser, Ernährung sowie Finanz- und Versicherungswesen), die die in der jeweiligen Rechtsverordnung erwähnten Schwellenwerte überschreiten.

C.   alle Unternehmen

Antwort: B

37. Zugriff bedeutet

A.   Zugriff bedeutet die Rechtevergabe auf bestimmte Objekte

B.   die Möglichkeit der Nutzung bestimmter Daten und Informationen

C.   Autorisierung des Benutzers für den Zugriff auf bestimmte Dateien, Verzeichnisse, Programme und Funktionen

Antwort: B

38. Welche Aussage zum Datenschutz gibt es in Bezug auf Personen? (In einem Satz)

A.   Datenschutz betrifft alle Informationen, die sich auf eine Person beziehen

B.   alle Daten über Personen.

C.   Die EU-Datenschutzgrundverordnung ist für Bürger der europäischen Union seit 25.5.2018 unmittelbares Recht (DSGVO).

D.   alle Informationen, die elektronisch oder anders gespeichert sind

Antwort: C

39. In welche Schritte gliedert sich die Sicherheitskonzeption des BSI Standards 200-2 in der Standardabsicherung?

A.   Strukturanalyse 8.1.

B.   Schutzbedarfsfeststellung 8.2,

C.   Modellierung 8.3,

D.   IT-Grundschutzcheck 8.4

Antwort: A, B, C, D

40. Welche Aussagen können Sie zum Cybercrime machen?

A.   Zur Cyberkriminalität zählen im weiteren Sinne kriminelle Handlungen wozu das Mittel Internet eingesetzt wird.

B.   Im Bereich Cybercrime ist das Dunkelfeld hoch

C.   Die organisierte Kriminalität betätigt sich zunehmend im Internet

D.   Mit Cybercrime verdient man Geld

Antwort: A, B, C

41. Was muss bei einer Ereignisprotokollierung gemacht werden?

A.   Definieren, was protokolliert werden soll

B.   Ereignisprotokolle regelmäßig überprüfen

C.   Vorsicht!: Ereignisprotokolle enthalten oft personenbezogene Daten besonders schützen

D.   Vorsicht: Unterumständen lassen sich Rückschlüsse auf das Arbeitsverhalten von Mitarbeiter machen. Hier sollte der Betriebsrat mit eingeschaltet werden.

Antwort: A, B, C, D

42. Was muss bei einer Ereignisprotokollierung beachtet werden?

A.   Aktivitäten von Admins müssen auch protokolliert werden.

B.   Admins müssen gut bezahlt werden.

C.   Admins sollten nicht in der Lage sein, eigene Protokolle zu ändern.

E.   Nicht synchron gehende Uhren erschweren die Auswertung.

Antwort: A, C, D

6.0. IDENTITÄTSPRÜFUNG UND RECHTEZUWEISUNG

43. Welche Formen des Identitätsnachweises gibt es?

A.   Benutzername/Passwort/2-Faktor-Autorisierung

B.   Zwei-Faktor-Authentifizierung wie One-Time-Passwort (OTP), SmartCards

C.   Dreifaktor-Autorisierung

D.   Verzeichnisdienst

Antwort: A, B, C, D

44. Welche webseitenbasierten Systeme gibt es?

A.   Single Sign On

B.   facebook

C.   google

Antwort: A, B, C

45. Welche Systeme gibt es heute hauptsächlich in der Praxis für Identitätsprüfung und Rechtezuweisung. Nennen Sie mindestens 3 Systeme.

A.   DAC

B.   MAC

C.   RBAC

D.   MigMag

Antwort: A, B, C

46. Wie ist die richtige Reihenfolge?

A.   Identitätsprüfung - Rechtezuweisung - Autorisierung

B.   Rechtezuweisung - Identitätsprüfung - Autorisierung

C.   Autorisierung - Rechtezuweisung - Identitätsprüfung

D.   Identitätsprüfung - Autorisierung - Rechtezuweisung

Antwort: A

47. Welche sind die beliebtesten Verfahren bei Identitätsprüfung und Rechtezuweisung?

A.   Benutzername/Passwort

B.   Active Directory

C.   Notizblock

D.   Datenbank

Antwort: A, B

48. Wovon ist die Art und Umfang der Rechtezuweisung abhängig?

A.   vom eingesetzten System

B.   vom Administrator

C.   vom Geschäftsführer

D.   von der Hardware

Antwort: A

7.0. SCHUTZMECHANISMEN FÜR DIE IT-INFRASTRUKTUR

49. Welche Organisatorischen Maßnahmen für Schutzmechanismen für die IT-Infrastruktur gilt es zu beachten?

A.   Strategische Sicherheitsrichtlinien

B.   Sinnvolle/optimale Organisationsstruktur

C.   Iteratives Risiko- und Notfallmanagement

D.   Gelände- und Gebäudesicherung

E.   Sensibilisierung/Schulung/kontinuierliche Weiterbildung

F.   Kontinuierliche Überwachung und Kontrolle

Antwort: A ,B ,C ,D ,E ,F

50. Was gehört in eine strategische Sicherheitsleitlinie?

A.   IT-Sicherheit ist Chefsache!

B.   Ausrichtung der IT-Sicherheit nach Unternehmenszielen

C.   Selbstverpflichtung auf IT-Sicherheit und deren kontinuierliche Verbesserung

D.   Informationssicherheitsziele oder einen Rahmen, um diese festzulegen

E.   Aufbauorganisation und (grobe) Ablaufprozesse

F.   Verantwortlichkeiten und Kompetenzen zuweisen: es wurde ein IT-Sicherheitsbeauftragter ernannt

Antwort: B, C, D

51. Was gehört zu einem iterativen Risiko- und Notfallmanagement?

A.   Iterativ bedeutet sich regelmäßig wiederholend

B.   Risikoermittlung und –bewertung (-analyse)

C.   Behandlung: Risikoakzeptanz, -minderung, -vermeidung und -übertragung

D.   Schutz-/Notfallmaßnahmen für gefährdete Assets ableiten

E.   Tests durchführen, Prüfpläne erstellen, Korrekturverfahren haben

F.   Ruflisten erstellen

Antwort: A, B, C, D, E, F

52. Welche Aussagen gibt es zum IT-Sicherheitsgesetz? (max. 3)

A.   Für Betreiber von Webangeboten gelten erhöhte Anforderungen an die
        TOMs zum Schutz der Kundendaten und IT-Systeme

B.   KRITIS Unternehmen müssen 2 Jahren nach Inkrafttreten der für ihren
        Sektor relevanten Rechtsverordnung ein dem Stand der Technik
        entsprechendes Sicherheitsniveau aufweisen.

C.   Das Gesetz trat am 25.7.2015 in Kraft

D.   Alle Firmen müssen ein ISMS implementieren

E.   Informationen und Systeme stehen gemäß den getroffenen Vereinbarungen
        (SLAs) dem Benutzerkreis zur Verfügung

Antwort: A, B, C

53. Was ist Data-Loss/Data-Leakage?

A.   DataLoss: Verlust von Daten, Löschen, Verschwinden von Daten, die auch nicht wiedergefunden werden. Ursachen: Diebstahl oder Unachtsamkeit;

B.   DataLeakage: Daten fließen ab, Daten bleiben uns aber erhalten; wir merken evtl. gar nicht, dass sie abfließen,

C.   DataLoss: Datendiebstahl

D.   DataLeakage: Klauen und Löschen von Daten.

Antwort: A, B

54. Welche Maßnahmen gibt es gegen Data-Loss/Data-Leakage?

A.   Organisatorische Maßnahmen.

B.   Technische Maßnahmen.

C.   Warnen, Aufklären und bei Nichtbeachtung bestrafen

D.   Es gibt keine wirksamen Maßnahmen

Antwort: A, B

55. Welcher Natur können Sicherheitslücken sein?

A.   Organisatorischer Natur: keine Regeln im Betrieb wie mit Daten umgegangen werden darf

B.   Technischer Natur: Backup funktioniert nicht oder ist nicht organisiert

C.   Individuelles Fehlverhalten: Löschtaste drücken obwohl ich nur speichern wollte

D. Sicherheitslücken sind krimineller Art

Antwort: A, B, C

56. Was sind häufig vorkommende Sicherheitsmängel?

A. Fehlendes oder unzureichendes Patch-Management

B. Fehlende oder unzureichende Ereignisprotokollierung

C. Unzureichendes Bewusstsein bei den Mitarbeitern

D. Fehlendes oder unzureichendes Change Management

Antwort: A, B, C, D

57. Welche Werkzeuge für Cyberangriffe gibt es?

A. Vielfach frei verfügbar und kostenlos

B. Teilweise normale Werkzeuge, die auch für die Administration und Überprüfung der eigenen Netze eingesetzt wird (Kali-Linux,…?

C. Es sind auch Baukästen im DarkNet, die man kaufen kann

D. Gibt es nicht, ist Fake-News

Antwort: A, B

58. Wie ist die Verbreitung von Werkzeugen für Cyberangriffe?

A.   Es sind vielfach frei verfügbare Werkzeuge

B.   Es werden teilweise ganz normale Werkzeuge von Administratoren für Cyberangriffe verwendet, die für die Prüfung der eigenen Netze einsetzt werden.

C.   Die programmieren die Hacker selber.

D.   Die kann man kaufen wie ganz normale Lizenzen.

Antwort: A, B

8.0. ISO2700X

59. Welche Aussage kann man über die Vereinbarkeit von ISO 27001 und BSI Grundschutz machen?

A.   Ein Grundschutz konformes Konzept ist auch ISO 27001 konform

B.   Sie sind nicht miteinander vereinbar.

C.   Dazu hat sich keiner Gedanken gemacht.

D.   Dazu gibt es Vergleiche.

Antwort: A

60. Was legt eine Informationssicherheitsleitlinie fest?

A.   Stellt die Sicherheitsziele einer Organisation dar

B.   Legt die Strategie zur Umsetzung fest

C.	Patch-Anleitungen für sicheres Patchen von Software

D.	Anleitung für den Administrator zur Software-Sicherheit

Antwort: A, B

61. Welche Personen sind am IT-Security-Prozess beteiligt?

A.	der Chef

B.	nach ITIL: Information Security Manager, Service Owner, Anwendungssystem Analytiker, Facility Manager

C.	Organisations- oder Institutsleitung

D.	Informationssicherheitsbeauftragter

E.	Die übrigen Inhaber von Rollen zu Informationssicherheit

F.	Alle anderen Mitarbeiter

Antwort: C, D, E, F

62. Nach ISO 27001 haben IT-Sicherheitsziele welche Eigenschaften?

A.	Sie müssen messbar sein

B.	Sie müssen im Unternehmen bekannt gemacht werden.

C.	Sie sind allen bekannt.

D.	Sie müssen deutsch formuliert sein.

Antwort: A, B

63. Wie wird der Begriff Verfügbarkeit am besten beschrieben?

A.   Informationen und Systeme stehen gemäß den getroffenen Vereinbarungen (SLAs) dem Benutzerkreis zur Verfügung

B.   Ich kann auf alles zugreifen, was ich brauche

C.   Alles ist verfügbar für die EDV

D.   Es ist genug Geld für IT-Sicherheit verfügbar.

Antwort: A

64. Was ist bei Rollen, die miteinander in Konflikt stehen, in der Informationssicherheit zu beachten?

A.   Miteinander in Konflikt stehende Aufgabenfelder sollten nicht in einer Rolle zusammengefasst werden

B.   Sind Rollenkonflikte unvermeidbar, sollten zusätzliche Maßnahmen, wie zusätzliche Überwachung, in Betracht gezogen werden.

C.   Miteinander in Konflikt stehende Rollen sollten nicht den gleichen Inhaber haben

D.   Konflikte entscheidet er Chef.

Antwort: A, B, C

65. Unter welchen Umständen kann eine Organisation Anforderungen aus dem Kapitel 4 der ISO 27001 für nicht anwendbar erklären?

A.   Unter keinen Umständen

B.   Wenn nach BSI Grundschutz zertifiziert wurde 200-2 etc.

C.   Nur wenn du nicht 27001 konform sein willst

D.   Man kann über die SOA gewisse Teile ausschließen

Antwort: A

66. Wodurch können Informationssicherheitsvorfälle hervorgerufen bzw. begünstigt werden?

A.   Verstöße gegen Sicherheitsvorschriften

B.   Fehlfunktion von Systemen (SW ist nicht voll getestet, Bugs in Systemen)

C.   Äußere Einwirkungen (Wetter, Erdbeben, etc.)

D.   Ungesteuerte Systemänderungen (z.B. Admin spielt ungeprüft ein Win-Update ein)

Antwort: A, B, C, D

67. Was haben Sie im Kontakt mit Behörden zu beachten?

A.   In der Präventionsphase angemessener Kontakt zu relevanten Behörden, der auch im Vorfeld gepflegt wird

B.   Verfahren und Regeln zur Kontaktpflege

C.   Blumen zum Geburtstag schicken

D.   Die Telefonnummern mit dem Landes-Sicherheitsbeauftragten austauschen

Antwort: A, B

68. Welche Aufgaben schreibt ein ISMS der Führung eines Unternehmens/Organisation vor?

A.   Sicherstellen, dass die Informationssicherheitspolitik mit den Strategiezielen der Unternehmung vereinbar ist.

B.   Die Personen so anzuleiten und zu unterstützen, damit sie positive Beiträge zum ISMS leisten

C.   Strafen festlegen

D.   Sanktionsmechanismen bei Verstößen etablieren

Antwort: A, B

69. Aus welchen beiden Blickwinkeln betrachtet die ISO 27001 die Informationssicherheit?

A.   Risiko-Blickwinkel

B.   Prozess-Blickwinkel

C.   Sicherheits-Blickwinkel

D.   Gefahren-Blickwinkel

Antwort: A, B

70. Um ISO 27001 konform zu sein, muss das ISMS wie verwirklicht sein?

A.   Es muss gelebt werden

B.   Es muss aufgebaut sein

C.   Es muss aufrechterhalten werden

D.   Kontinuierliche Verbesserung muss stattfinden

Antwort: B, C, D

71. Was beschreibt der ISO 27002 Standard?

A.   Die 27002 ist eine Best-Practice /ist eine Anleitung für die Umsetzung der in Anhang A ISO 27001 bestimmten Maßnahmen/Anforderungen

B.   die Form in der die Umsetzung von 27001 stattfinden muss

C.   Formulare, die eingesetzt werden bei der Zertifizierung nach 27001

Antwort: A,

72. Was gehört zum Verstehen des inneren Kontextes einer Organisation aus der ISO 27001 dazu?

A.   Unternehmensziele

B.   Firmenkultur (ethische Grundsätze, Du/Sie, etc.)

C.   Organisationsstruktur und Entscheidungswege (horizontal/vertikal, Entscheidungswege, ...)

D.   Stellenbeschreibungen

Antwort: A, B, C

73. Was könnten die Gründe sein, Kontakt zu speziellen Interessensverbänden, Expertenforen, Fachverbänden wegen der IT-Sicherheit zu halten?

A.   Um über aktuelle Entwicklungen der IS auf dem Laufenden zu sein

B.   Sicherstellen, rechtzeitig Warnungen über aktuelle Bedrohungen zu erhalten

C.   Um auf dem Laufenden über neue Technologien und den damit zusammenhängenden IT-Sicherheitsfragen zu sein und sich mit Anderen austauschen zu können

D.   Um sicherzustellen /abzugleichen, dass das eigene Verständnis von IT-Sicherheit vollständig und zeitgemäß ist.

Antwort: A, B, C, D

74. Welche Themen zum Verstehen des externen Kontextes einer Organisation nach ISO 27001 können dazugehören?

A.   Soziale und kulturelle Themen

B.   Technische Trends und Entwicklungen, die sich auf die Zielerreichung des Unternehmens auswirken können

C.   Natürliche Umwelt (Klima, …)

D.   Alle Themen der Budgetplanung

Antwort: A, B, C

75. Nach der ISO 27001 muss für das ISMS ein Anwendungsbereich festgelegt werden. Dazu kann/können gehören?

A. Schnittstellen und Abhängigkeiten zwischen Tätigkeiten, die von der Organisation selbst durchgeführt werden, und Tätigkeiten, die von anderen Organisationen durchgeführt werden

B. interessierte Parteien, die für das Informationssicherheitsmanagementsystem des Unternehmens relevant sind

C. externe und interne Themen bestimmen, die für ihren Zweck relevant sind und sich auf ihre Fähigkeit auswirken, die beabsichtigten Ergebnisse ihres Informationssicherheitsmanagementsystems zu erreichen

Antwort: A, B, C

76. Wie wird in der ISO 27001 die Bereitstellung der Ressourcen beschrieben? Welches Kapitel?

A. in 5.1 Abschnitt c Die Führung ist verpflichtet sicherzustellt, dass die für das Informationssicherheitsmanagementsystem erforderlichen Ressourcen zur Verfügung stehen

B. in 7.1 Die Organisation muss die erforderlichen Ressourcen für den Aufbau, die Verwirklichung, die Aufrechterhaltung und die fortlaufende Verbesserung des Informationssicherheitsmanagementsystems bestimmen und bereitstellen

C. nur in Anhang A.12

Antwort: B

77. Die ISO 27001 fordert, alle Stakeholder zu bestimmen. Wer kann dazu gehören:

A.   Personal

B.   Kunden

C.   Behörden

D.   Öffentlichkeit

Antwort: A, B, C, D

78. Wo sollte die Informationssicherheit zusätzlich zur IT-Abteilung berücksichtigt werden?

A.   Im Projektmanagement

B.   Es spielt Im Personalbereich eine wichtige Rolle

C.   in jeder Art von Projekt

D.   Im Organigramm

Antwort: A, B, C

79. Wo sollte der IT-Sicherheitsbeauftragte am besten innerhalb einer Organisation angesiedelt sein?

A.   Als Stabstelle zur Geschäftsführung

B.   in der Organisationsabteilung

C.   in der IT-Abteilung

Antwort: A

80. Welche Voraussetzungen sind zur Behandlung von Informationssicherheitsvorfällen wichtig?

A. Mitarbeiter müssen in der Lage sein, Sicherheitsvorfälle zu erkennen und wissen, wie sie diese melden müssen/können

B. Zur Meldung von Sicherheitsvorfällen sind entsprechende Anlaufstellen (z.B. whistleblowerbox) einzurichten

C. Es muss ein Verfahren für den Umgang mit forensischen Beweismitteln festgelegt sein

D. Die Prozesse, wie die Organisation darauf reagiert, müssen definiert sein (Incident Management, Business Continuity Management, Notfallmanagement, lessons learned usw.)

Antwort: A, B, C, D

81. Was ist in Bezug auf die Rollen in der IT-Sicherheit zu beachten?

A. Jede Rolle sollte einen Rolleninhaber haben

B. Alle Rollen sind definiert auf Kompetenz und Zuständigkeit

C. Rollen und ihre Inhaber, sowie ihre Zuständigkeiten sind im Unternehmen bekannt gemacht

D. Es muss immer eine Rolle IT-Sicherheitsbeauftragter geben

Antwort: A, B, C

82. Wer ist für die Informationssicherheit im Unternehmen/in der Organisation verantwortlich?

A.   die Geschäftsleitung

B.   In der Organisation ist es der ISB (IT-Sicherheitsbeauftragte)

C.   alle

Antwort: B

83. Welche Eigenschaften muss die IT-Sicherheitspolitik aufweisen?

A.   Die Sicherheitspolitik muss sich für den Zweck der Organisation eignen

B.   Sie muss eine Verpflichtung der fortlaufenden Verbesserung des ISMS mit einbeziehen

C.   Es gehören die Informations-Sicherheitsziele selbst dazu ODER ein Rahmen, wie sie sich aus den Unternehmenszielen ableiten lassen

D.   sie muss unabhängig von der Geschäftsführung definiert werden

Antwort: A, B, C

84. Wozu sind Sicherheitsperimeter da?

A.   Sie dienen dem Schutz der organisationseigenen Werte

B.   Sie sollten festgelegt sein

C.   Sie sind KPIs und dienen der Zielerreichungsmessung

Antwort: A, B

85. Welche Aussagen sind in Bezug auf Veränderungen an Systemen zu machen?

A.   Es sollten Regeln und Prozesse für Changemanagement vorhanden sein

B.   Es muss sichergestellt sein, dass während und nach Veränderungen alle Vorgaben der Sicherheitsrichtlinien sichergestellt sind.

C.   Dem Ganzen sollte ein formales Genehmigungsverfahren zugrunde liegen

D.   Veränderungen sind immer beim IT-Sicherheitsbeauftragten zu beantragen

Antwort: A, B, C

86. Welche Maßnahmen zum Schutz von Schadsoftware müssen ergriffen werden?

A.   Die Mitarbeiter sollten angemessen sensibilisiert sein

B.   Bekannte technische Schwachstellen sollten durch das Patch-Management behoben werden

C.   Schadsoftware soll jeder Mitarbeiter beseitigen können

D.   Beseitigte Schadsoftware muss vom Mitarbeiter an die Landesbehörde gemeldet werden

Antwort: A, B

87. Was soll zum Thema Ereignisprotokollierung umgesetzt sein?

A.   Admin-Aktivitäten müssen protokolliert werden

B.   Admins sollten die Protokolle nicht selber ändern können

C.   Die Uhren sollten synchron gehen

D.   Ein Admin sollte das Protokoll außerhalb der normalen Arbeitszeit versenden

Antwort: A, B, C

88. Im Bereich Zugang und Zugriff benötigen welche Bereiche besondere Achtsamkeit/Aufmerksamkeit?

A.   privilegierte Nutzer (wie z.B. System- und Tooladministratoren)

B.   Lastwagenfahrer

C.   Hotline-Mitarbeiter

Antwort: A

89. Nach der ISO 27001 muss für das ISMS ein Anwendungsbereich festgelegt werden. Dazu kann/ können gehören?

A.   Themen die den inneren und externen Kontext betreffen

B.   Die Anforderungen der interessierten Stakeholder

C.   Schnittstellen, die vom Unternehmen selbst oder von anderen ausgeführt werden (z.B. in die Cloud exportieren)

D.   Nicht die Räume der Geschäftsführung

Antwort: A, B, C

9.0. UMSETZUNG EINES ISMS

90. Was ist bei der Installation von Software zu beachten?

A.   Software sollte nur bei vorliegender Genehmigung installiert werden

B.   Nutzen und Risiko der Installation sollten gegeneinander abgewogen werden

C.   Es sollte eine Rollback Strategie bei neuer oder geänderter Software geben

Antwort: A, B, C

91. Was ist in Bezug auf Zugänge in eine Organisation zu beachten?

A.   Es sollte für die Zugangssteuerung eine Richtlinie vorhanden sein

B.   Bei Beendigung des Arbeitsverhältnisses sollten die Zugangsrechte wieder entzogen werden

C.   Sie sollten regelmäßig überprüft werden.

D.   Sie müssen von einem Ordnungsdienst überwacht werden.

Antwort: A, B, C

92. Welche Tätigkeiten sind beim Risikomanagement nach ISO 27001 zwingend zu machen?

A. Bestimmen welche Risiken habe ich

B. Risiken bewerten, welche Gefahr bedeuten sie für mich und klassifizieren

C. Sicherheitsmaßnahmen zu den Risiken umsetzen, also die Risiken behandeln

D. Die Zertifizierung muss im 4ten Jahr wiederholt werden

Antwort: A, B, C

93. Was ist bei der Ereignisprotokollierung zu beachten?

A. Definieren was protokoliert werden soll

B. Regelmäßig Protokolle prüfen

C. Personenbezogene Daten in Protokollen müssen besonders geschützt werden (Datenschutzbeauftragter, Betriebsrat)

D. Ereignisprotokolle geben möglicherweise die Möglichkeit zu Rückschluss auf Arbeitsverhalten von Personen, deshalb ist gegebenenfalls der Betriebsrat einzubeziehen

Antwort: A, B, C, D

94. Was bedeutet der Begriff Zutritt?

A. ist die Möglichkeit einen begrenzten Bereich zu betreten

B. nur der Zutritt zum Serverraum

Antwort: A

95. Was bedeutet der Begriff Zugang?

A.   Physischer Zugang

B.   Login + Passwort

C.   Fingerabdruck-Einlass-System

Antwort: A

96. Was sollten dokumentierte Bedienabläufe enthalten?

A.   Dokumentation sollte Information zur Durchführung von Backups enthalten

B.   Dokumentation sollte Information zur Durchführung für System-Neustarts enthalten

C.   Dokumentation des gesamten ISMS

D.   Dokumentation der ISO 27001

Antwort: A, B

97. Was sollte beim Umgang mit mobilen Geräten beachtet werden?

A.   Mitarbeiter sollten für Gefahren von Mobilen Geräten sensibilisiert werden.

B.   Geräte sollten vor Diebstahl geschützt werden

C.   Bei Nutzung von Mobilgeräten ist besonders zu beachten, dass sie geschützt sind (VPN eingeschaltet, nichteinsehbar durch Dritte, ...)

D.   Sie sollten in einem Softcover getragen werden

Antwort: A, B, C

98. Welche Normen beschäftigen sich mit dem Risikomanagement?

A.   ISO 31000

B.   BSI 200-3 (Grundschutz)

C.   ISO 27005

D.   ISO 9001

Antwort: A, B, C

99. Was ist die Notfallbewältigung von ihrem Grundsatz her?

A.   Reaktive Abarbeitung der Sicherheitsmaßnahmen

B.   eine Norm

C.   eine optionale Handlungsempfehlung

Antwort: A

100. Was sollte Mitarbeitern einer Organisation nach ISO 27001 bewusst sein? Sie sollten ...

A.   Informationssicherheitspolitik als übergeordnetes Dokument kennen

B.   Sie sollten wissen welchen Beitrag Sie zum ISMS leisten

C.   wissen welche Folgen entstehen, wenn sie die Anforderungen nicht erfüllen

D.   immer klar im Kopf bleiben, keinen Alkohol in Notfallsituationen trinken

Antwort: A, B, C

101. Wo werden die Awareness-Maßnahmen für Informationssicherheit geregelt?

A.   BSI Grundschutzkompendium Baustein ORP .3

B.   ISO 27001 Kapitel 7.3 / Anhang A.7.2.2

D.   Datenschutz Art. 39 DSGVO; Beratung und Unterrichtung der Mitarbeiter durch den Datenschutzbeauftragten

Antwort: A, B, C

102. Welche Rollen gehören zur Notfallbewältigung?

A.   Notfallteam

B.   Krisenstab

C.   Krisenentscheidungsgremium

D.   Projektmanager für Katastrophen

Antwort: A, B, C

103. Wie lange ist ein ISO 27001-Zertifizierung gültig?

A.   3 Jahre

B.   solange 2x Überwachungsaudit im 3Jahreszeitraum (jährlich 1x) erfolgen

C.   sie gilt solange das Unternehmen existiert

Antwort: A

104. Welche Rollen gehören zur Notfallvorsorge?

A.   Unternehmens/Behördenleitung

B.   Notfallbeauftragter

C.   Notfallkoordinator (sie sind Schnittstellen zwischen Vorsorge und
       Notfallbewältigung, sie teilen sich später in die Teams auf)

D.   Notfallvorsorgeteam

Antwort: A, B, D

105. Was ist eine Katastrophe nach BSI 100-4?

A.   Eine Katastrophe verhält sich für das betroffene Unternehmen wie eine Krise

B.   Katastrophe ist nicht auf das eigene Unternehmen beschränkt

C.   Katastrophen können nur durch Mitarbeiter ausgelöst werden

Antwort: A, B

106. Was müssen Unternehmen pflichtgemäß nach ISO 27001 ausführen?

A.   Die erforderlichen Kompetenzen der Mitarbeiter bestimmen, die durch ihre
       Aktion oder Tätigkeiten das Sicherheits-Informations-Management-System
       beeinflussen

B.   Maßnahmen ergreifen, dass diese Mitarbeiter ihren Kompetenzlevel
       erreichen in Bezug auf IT-Sicherheit (Sensibilisierung, Schulungen, Training)

C.   Punkt 1 und 2 gilt auch für externe Mitarbeiter: Personen, die keine
       Mitarbeiter sind, aber unter Aufsicht der Organisation arbeiten und damit die

Leistung des ISMS beeinflussen (Freiberufler, Dienstleister, überlassene Arbeitnehmer)

D.   die Zertifizierung

Antwort: A, B, C

107. Was ist ein Audit?

A.   der Vergleich zwischen einem Ist-Zustand und einem Soll-Zustand. Letzterer ist vorgegeben durch einen Standard

B.   eine lückenlose Prüfung aller möglichen Notfallszenarien

C.   Eine Vorschrift im ISO 27001

Antwort: A

108. Wann erfolgen im Zertifizierungszyklus Überwachungsaudits?

A.   Im 1. Und 2. Jahr des 3jährigen Zertifizierungszyklus

B.   jährlich in den 3 Jahren in denen die Zertifizierung gelten soll.

Antwort: A

10.0. BUSINESS CONTINUITY MANAGEMENT UND NOTFALLMANAGEMENT

109. Für was steht die Abkürzung BCM?

A.   Business Continuity Management (Notfallmanagement (100-4))

B.   business continiuous Management

C.   busy continuity management

Antwort: A

110. Welcher der vier Standards des BSI beschäftigt sich mit dem Notfallmanagement?

A.   BSI Standard ISMS (200-1)

B.   BSI Standard Vorgehen (200-2)

C.   BSI Standard Risikoanalyse (200-3)

D.   BSI Standard Notfallmanagement (100-4)

Antwort: D

111. Was ist eine Krise nach dem BSI Notfallmanagement?

A.   Es handelt sich um einen verschärften Notfall, der die Existenz des Unternehmens oder die Gesundheit der Mitarbeiter gefährdet

B.   Es handelt sich um eine ungeplante Abweichung vom Normalbetrieb, die mit der normalen Aufbau- und Ablauforganisation nicht bewältigt werden kann

C.   Das Treffen mit dem Betriebsrat

Antwort: A, B

112. Was muss bei Awareness-Kampagnen bedacht werden?

A.   Sie müssen gut geplant sein

B.   Inhalte sollten auf die Zielgruppen zugeschnitten sein

C.   Die Informationssicherheitsziele (CIA) müssen berücksichtigt sein

D.   Die Marketingleitung muss eingebunden sein

Antwort: A, B, C

113. Welche Grundschutz-Methodik(en) gibt es nach BSI 200-2?

A.   Standard-Absicherung

B.   Basis-Absicherung

C.   Kern-Absicherung

D.   Rundum-Absicherung

Antwort: A, B, C

114. Was muss die Führung bezüglich der Informationssicherheitsziele beachten?

A.   sie müssen im Einklang mit der Informationssicherheitspolitik stehen

B.   sie müssen messbar sein

C.   sie müssen im Unternehmen bekannt gemacht

D.   jeder muss sie beachten

Antwort: A, B, C

11.0. RISIKOANALYSE

115. Was bedeutet Zugriff?

A.   die Nutzung bestimmter Daten

B.   Mitarbeiter physisch greifen können

C.   Zugang zur Küche haben und Zugriff auf den Kühlschrank haben

Antwort: A

116. Was bedeutet die Abkürzung MTA im Rahmen von IT-Sicherheit?

A.   maximal tolerierbare Anlaufzeit

B.   Medizinisch technische Assistentin

C.   minimum technical accountability

Antwort: A

117. Was bedeutet die Abkürzung BIA im Rahmen von IT-Sicherheit?

A.   business impact analysis

B.   business infomation analysis

C.   boardroom impact analysis

Antwort: A

12.0. DSGVO, BSI GRUNDSCHUTZ UND ISO 27001

118. Welche Gründe für Awareness-Aktivitäten gibt es?

A.   DSGVO Art. 39

B.   BSI Grundschutz ORP 3

C.   ISO 27001 Abs 7.3 und A 7.2.2

D.   Wunsch des Sicherheitsbeauftragten

Antwort: A, B, C

119. Wie ist das Instrument überschrieben, das die Zuordnung von ISO/IEC 27001 sowie ISO/IEC 27002 zum modernisierten IT-Grundschutz zeigt?

A.   Zuordnungstabelle des BSI

B.   Kreuztabelle

C.   ISO-Matrix

Antwort: A

120. Welches Instrument hilft dabei, die Überleitung vom Maßnahmenkatalog aus dem BSI-Schutz alt und BSI Kompendium herzustellen

A.   Zuordnungstabelle des BSI

B.   Kreuztabellen

C.   ISO-Matrix

Antwort: B

STICHWORTVERZEICHNIS